AF220459

Impressum
Verlag: BABADADA GmbH, Nedderfeld 112 , 22529 Hamburg
Geschäftsführer / Verlagsleitung: Harald Hof
Druck: Books on Demand GmbH, In de Tarpen 42, 22848 Norderstedt

Imprint
Publisher: BABADADA GmbH, Nedderfeld 112 , 22529 Hamburg, Germany
Managing Director / Publishing direction: Harald Hof
Print: Books on Demand GmbH, In de Tarpen 42, 22848 Norderstedt, Germany

المدرسة

בית ספר

القسم
כיתה
يقسم
חילק
186/2
اللوح
לוח
المعلّم
מורה
ورقة
נייר
يكتب
כתב
القلم
עט
طاولة المكتب
שולחן עבודה
المسطرة
סרגל
الكتاب
ספר
التلميذ
תלמיד

الحقيبة المدرسية
....
ילקוט

المقلمة
....
קלמר

قلم الرصاص
....
עיפרון

البرّاية
....
מחדד

المِمحاة
....
גומי מחיקה

دفتر الرسم
....
חוברת סרטוט

الرسمة
....
סרטוט

الفرشاة
....
מברשת

علبة التلوين
....
קופסת צבעים

المقص
....
מספריים

المادة اللاصقة
....
דבק

دفتر التمارين
....
ספר תרגול

الواجب المدرسي
....
שיעור בית

12

الرقم
....
מספר

2+2

يجمع
....
חיבר

5-2

يطرح
....
חיסר

2×2

يضرب
....
הכפיל

يحسب
....
חישב

A

الحرف
....
אות

ABCDEFG
HIJKLMN
OPQRSTU
VWXYZ

الأبجدية
....
אלפבית

hello

كلمة
....
מילה

الطبشور

....

גיר

يقرأ

....

קרא

النص

....

טקסט

الامتحان

....

מבחן

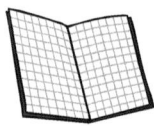

دفتر الدوام المدرسي

....

יומן נוכחות

الحصة

....

שיעור

التعليم

....

חינוך

اللباس المدرسي

....

תלבושת בית ספר

شهادة

....

תעודה

المِجهر

....

מיקרוסקופ

الجامعة

....

אוניברסיטה

الموسوعة

....

אנציקלופדיה

قماما

....

סל נייר

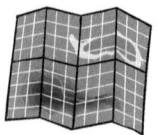

الخريطة

....

מפה

فندق
بيت الشباب
הוסטל
ROOMS
CHANGE
مكتب صرافة
המרת מטבע
حقيبة
מזוודה
سيارة
אוטו

اللغة

שפה

نعم / لا

כן / לא

حسناً

בסדר

مرحباً

שלום

مترجم

מתרגם

شكراً

תודה

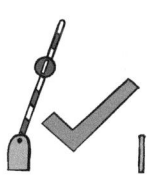

مشكلة

....

בעיה

لا أفهم

....

אני לא מבין

كم ثمن ... ؟

....

כמה עולה.....?

ليلة سعيدة

....

לילה טוב!

صباح الخير!

....

בוקר טוב!

مساء الخير

....

ערב טוב!

أمتعة السفر

....

כבודה

اتجاه

....

כיוון

إلى اللقاء

....

להתראות

ضيف

....

אורח

حقيبة ظهر

....

תרמיל גב

حقيبة

....

תיק

خيمة

....

אוהל

كيس للنوم

....

שק שינה

غرفة

....

חדר

بطاقة ائتمان

....

כרטיס אשראי

شاطئ

....

חוף ים

استعلامات سياحية

....

מרכז מידע לתיירים

العشاء

....

ארוחת ערב

طعام الغداء

....

ארוחת צהריים

إفطار

....

ארוחת בוקר

طابع بريدي

....

בול

مصعد

....

מעלית

بطاقة سفر

....

כרטיס

سفارة

....

שגרירות

الجمارك

....

מכס

حدود

....

גבול

جواز سفر

....

דרכון

تأشيرة

....

אשרה

نقل

תחבורה

طائرة
מטוס
سفينة
אונייה
سيارة إطفاء
כבאית
حافلة
אוטובוס
سيارة شاحنة
משאית
زورق آلي
סירת מנוע
درّاجة
אופניים
سيارة
אוטו

عبارة

מעבורת

قارب

סירה

دراجة نارية

אופנוע

سيارة شرطة

ניידת משטרה

سيارة سباق

מכונית מרוץ

سيارة مستأجرة

רכב שכור

سيارة نقل القمامة

....

משאית זבל

سيارة للجر

....

אוטו גרר

أسلوب تشاركي في استئجار السيارا

....

מכוניות בשיתוף

محطة وقود

....

תחנת דלק

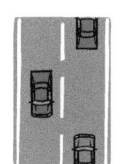

وقود

....

דלק

محرك

....

מנוע

ازدحام سير

....

פקק תנועה

حركة السير

....

תנועה

إشارة مرور

....

תמרור

سكك حديدية

....

פסי רכבת

محطة قطار

....

תחנת רכבת

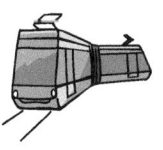

موقف سيارات

....

חניה

عربة قطار

....

קרון

ترام

....

רכבת קלה

قطار

....

רכבת

طائرة مروحية
....
מסוק

مطار
....
שדה-תעופה

برج
....
מגדל

مسافر
....
נוסע

حاوية
....
קונטיינר

علبة كرتون
....
קרטון

عربة يد
....
עגלה

سلّة
....
סל

يقلع / يهبط
....
המראה / נחיתה

مدينة

עיר

قرية
....
כפר

مركز المدينة
....
מרכז העיר

بيت
....
בית

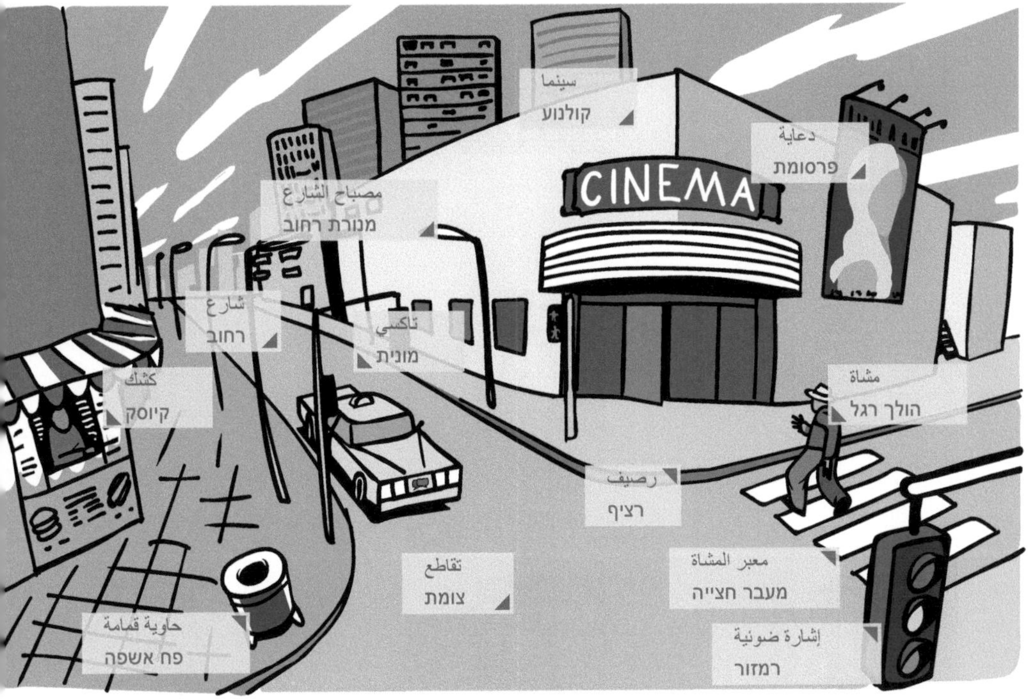
سينما
קולנוע
CINEMA
دعاية
פרסומת
مصباح الشارع
מנורת רחוב
شارع
רחוב
تاكسي
מונית
كشك
קיוסק
مشاة
הולך רגל
رصيف
רציף
تقاطع
צומת
معبر المشاة
מעבר חצייה
حاوية قمامة
פח אשפה
إشارة ضوئية
רמזור

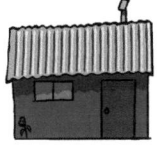

كوخ

בקתה

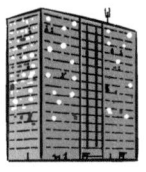

شقة

דירה

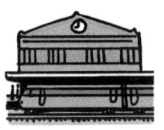

محطة قطار

תחנת רכבת

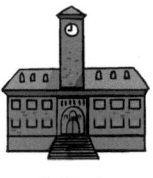

دار البلدية

עירייה

MUSEUM

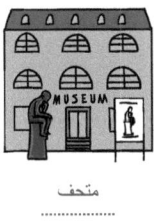

متحف

מוזיאון

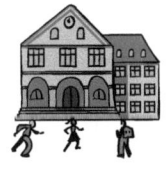

المدرسة

בית ספר

المستشفى
....
בית חולים

مصرف
....
בנק

الجامعة
....
אוניברסיטה

مكتب
....
משרד

صيدلية
....
בית מרקחת

فندق
....
מלון

محل لبيع الزهور
....
חנות פרחים

متجر
....
חנות

مكتبة
....
חנות ספרים

متجر كبير
....
כל-בו

سوق
....
שוק

سوبرماركت
....
סופרמרקט

ميناء
....
נמל

مركز تسوّق
....
קניון

تاجر السمك
....
מוכר דגים

جسر
....
גשר

مقعد
....
ספסל

حديقة عامة
....
פארק

نفق
....
מנהרה

مترو
....
רכבת תחתית

درج، سلم
....
מדרגות

مطعم
....
מסעדה

بار
....
בר

موقف حافلات
....
תחנת אוטובוס

مقياس زمن الوقوف
....
מדחן

لافتة باسم الشارع
....
שלט רחוב

صندوق البريد
....
תא דואר

مسجد
....
מסגד

مسبح
....
בריכת שחיה

حديقة حيوانات
....
גן חיות

مقبرة

בית עלמין

تلوث البيئة

זיהום

مزرعة

חווה

معبد

בית מקדש

ملعب الأطفال

מגרש משחקים

كنيسة

כנסייה

طبيعة ريفية

נוף

ورقة
עלה
علامة إرشاد
תמרור
طريق
דרך
مرج
מרעה
حجر
אבן
رحالة
מטייל
شجرة
עץ
نهر
נהר
عشب
דשא
زهرة
פרח

بحيرة

....

אגם

جبل

....

הר

وادٍ

....

בקעה

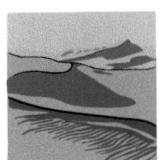

بركان

....

הר געש

صحراء

....

מדבר

غابة

....

יער

فِطر

....

פטריה

قوس قزح

....

קשת בענן

قلعة

....

טירה

ذبّانة

....

זבוב

بعوض

....

יתוש

نخلة

....

דקל

عنكبوت

....

עכביש

نحلة

....

דבורה

نملة

....

נמלה

سنجاب

....

סנאי

ضفدعة

....

צפרדע

خنفساء

....

חיפושית

بومة

....

ינשוף

أرنب

....

ארנב

قنفذ

....

קיפוד

خنزير برّي

....

חזיר בר

بجعة

....

ברבור

عصفور

....

ציפור

سد

....

סכר

إلكة

....

אייל הקורא

غزال

....

צבי

مناخ

....

אקלים

خلية شمسية

....

פנל סולארי

دولاب الطاحونة الهوائية

....

טורבינת רוח

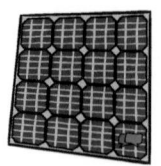

مطعم
מסעדה

نادل
מלצר
لائحة الطعام
תפריט
كرسي
כסא
حساء
מרק
بيتزا
פיצה
أدوات المائدة
סכו"ם
غطاء المائدة
מפת שולחן

مقبلات
....
מנת פתיחה

الصحن الرئيسي
....
מנה עיקרית

حلوى أو فاكهة بعد الطعام
....
קינוח

مشروبات
....
שתיות

طعام
....
אוכל

زجاجة
....
בקבוק

إبريق الشاي

קנקן תה

طعام الشارع

אוכל רחוב

وجبات سريعة

מזון מהיר

آلة الإسبريسو

מכונת אספרסו

حصّة

מנה

علبة السكر

מסכרת

صينية

מגש

فاتورة

חשבון

كرسي عالٍ

כסא תינוק

ملعقة

כף

شوكة

מזלג

سكين

סכין

كأس

כוס

منديل المائدة

מפית

ملعقة الشاي

כפית

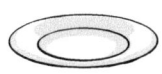

صحن الفنجان

....

תחתית

صحن الحساء

....

קערת מרק

صحن

....

צלחת

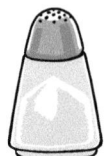

مطحنة الفلفل

....

מטחנת פלפל

مملحة

....

מלחייה

صلصة

....

רוטב

توابل

....

תבלינים

زيت الطعام

....

שמן

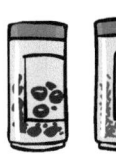

خلّ

....

חומץ

مايونيز

....

מיונז

خردل

....

חרדל

كتشاب

....

קטשופ

سوبرماركت

סופרמרקט

عرض خاص
מבצע
FOR
زبون
לקוח
مشتقات الحليب
מוצרי חלב
عربة تسوّق
עגלת קניות
فواكه
פירות

يزن

שקל

مخبز

מאפייה

جزّار

אטליז

المأكولات المجمّدة

מזון קפוא

لحم

בשר

خضار

ירקות

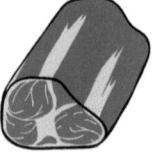

مسحوق الغسيل
....
אבקת כביסה

معلّبات
....
שימורים

مرتدلا أو جبن
....
בשר קר

منظّفات
....
חומר ניקוי

المواد المنزلية
....
מוצרי בית

حلويات
....
ממתקים

أمين صندوق
....
קופאי

صندوق الحساب
....
קופה

بائعة
....
מוכרת

محفظة النقود
....
ארנק

أوقات العمل
....
שעות פתיחה

قائمة المشتريات
....
רשימת קניות

كيس بلاستيكي
....
שקית נילון

حقيبة
....
תיק

بطاقة ائتمان
....
כרטיס אשראי

مشروبات
שתיות

حليب

חלב

عصير

מיץ

ماء

מים

بيرة

בירה

نبيذ

יין

كولا

קולה

شاي

תה

كاكاو

קקאו

كحول

אלכוהול

كابوتشينو

קפוצ'ינו

قهوة إسبريسو

אספרסו

قهوة

קפה

طعام

אוכל

برتقال

תפוז

تفاح

תפוח

موزة

בננה

جزرة

גזר

ليمون

לימון

بطيخ

אבטיח

بصل

בצל

خيزران

במבוק

ثوم

שום

شعيرية

אטריות

لوزيات

אגוזים

فِطر

פטריות

سلطة

....

סלט

أرزّ

....

אורז

سباغيتي

....

ספגטי

بيتزا

....

פיצה

بطاطا مقلية

....

צ'יפס

بطاطا مقلية

....

צ'יפס

شريحة لحم مقلية

....

שניצל

ساندويش

....

כריך

هامبورغر

....

המבורגר

سجق

....

נקניקיה

سلامي

....

סלאמי

لحم خنزير

....

שינקין

سمك

....

דג

لحم محمر

....

טיגון

دجاج

....

עוף

كورن فلكس

....

קורנפלקס

موسلي

....

מוזלי

دقيق الشوفان

....

שיבולת שועל

خبز صغير

....

לחמנייה

كرواسان

....

קרואסון

طحين

....

קמח

بسكويت

....

עוגיות

خبز محمص

....

טוסט

خبز

....

לחם

كعكة

....

עוגה

لبن زبادي

....

גבינה לבנה

زبدة

....

חמאה

جبنة

....

גבינה

بيض مقلي

....

ביצת עין

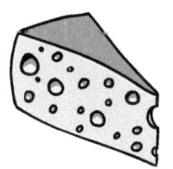

بيضة

....

ביצה

عسل

דבש

سكر

סוכר

مثلجات

גלידה

الكاري

קארי

كريم النوغا

ממרח נוגט

مربّى الفاكهة

ריבה

مزرعة
חווה

مخزن غلال
אסם
رزمة من التبن
חבילת שחת
حقل
שדה
حصان
סוס
مقطورة
עגלת נגרר
جرار
טרקטור
مهر
סייח
حمار
חמור
خروف
כבש
خروف
טלה

عجل
....
עגל

بقرة
....
פרה

ماعز
....
עז

ثور
....
שור

خنزير صغير
....
חזרזיר

خنزير
....
חזיר

صوص

....

אפרוח

بطة

....

ברווז

إوزّة

....

אווז

جرذ

....

חולדה

ديك

....

תרנגול

دجاجة

....

תרנגולת

ثور

....

שור

فأر

....

עכבר

قطة

....

חתול

خرطوم الحديقة

....

צינור השקיה

كوخ الكلب

....

מלונה

كلب

....

כלב

المحراث

....

מחרשה

منجل

....

חרמש

إبريق

....

קנקן מים

مذراة الزبل

....

קלשון

معزقة

....

מגרפה

منجل

....

מגל

معلف

....

שוקת

عربة يد

....

מריצה

بلطة

....

גרזן

سياج

....

גדר

كيس

....

שק

صفيحة الحليب

....

כד חלב

تربة

....

אדמה

دفيئة

....

חממה

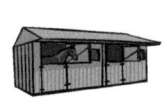

اصطبل

....

אורווה

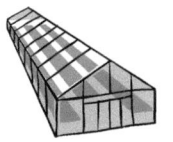

حصّادة درّاسة

....

מקצרה

سماد

....

דשן

بذور

....

זרע

بطاطا يامس

בטטה אפריקנית

محصول

קציר

يحصد

קצר

بطاطا

תפוח אדמה

صويا

סויה

قمح

חיטה

شجرة فاكهة

עץ פירות

سلجم

קנולה

ذرة

תירס

الحبوب

דגנים

نبات منيهوت

קסבה

بيت

בית

مدخنة
ארובה
سقف
גג
مزراب
מרזב
نافذة
חלון
جرس الباب
פעמון
مرآب
מוסך
باب
דלת
פח אשפה
صندوق البريد
תיבת מכתבים
حديقة
גינה

مطبخ

מטבח

الحمّام

חדר אמבטיה

غرفة جلوس

סלון

غرفة الطعام

חדר אוכל

غرفة الأطفال

חדר ילדים

غرفة النوم

חדר שינה

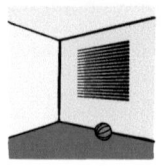

سقف

....

תקרה

حائط

....

קיר

أرضية

....

רצפה

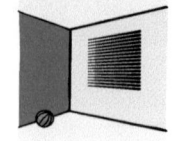

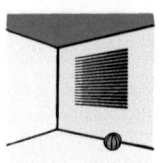

بلكون

....

מרפסת

ساونا

....

סאונה

قبو

....

מרתף

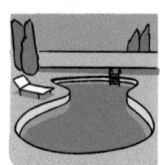

جزّازة العشب

....

מכסחת דשא

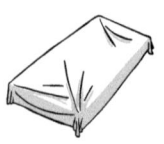

مسبح

....

בריכה

شرفة

....

מרפסת

سرير

....

מיטה

بطانية

....

כיסוי מיטה

بياضات السرير

....

סדין

مفتاح كهربائي

....

מפסק

سطل

....

דלי

مكنسة

....

מטאטא

غرفة جلوس

סלון

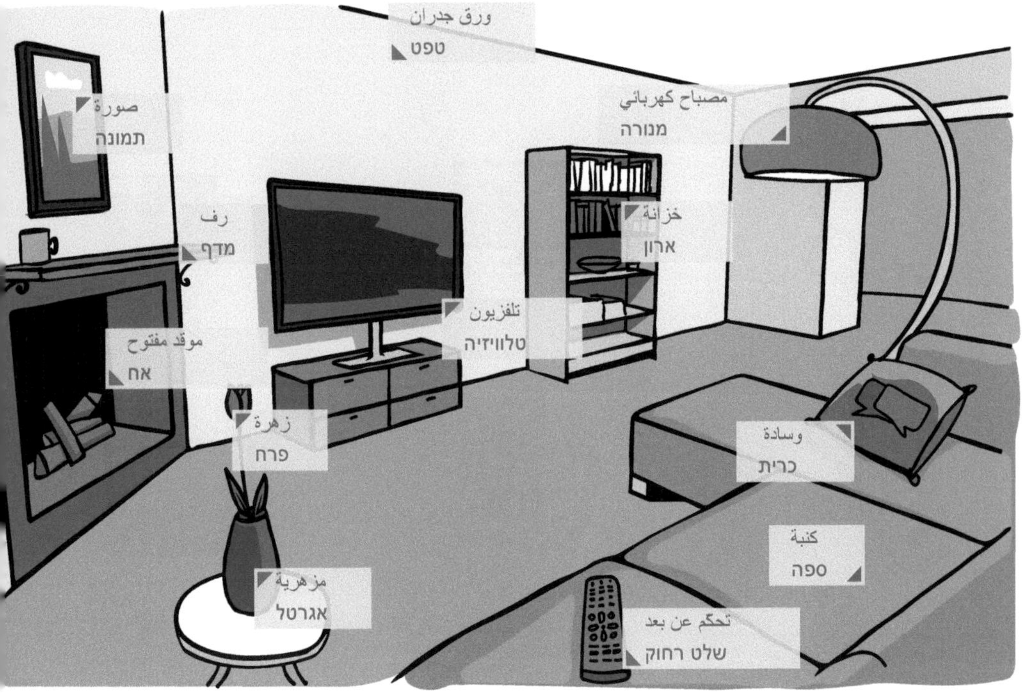

ورق جدران
טפט
صورة
תמונה
مصباح كهربائي
מנורה
رف
מדף
خزانة
ארון
تلفزيون
טלוויזיה
موقد مفتوح
אח
زهرة
פרח
وسادة
כרית
كنبة
ספה
مزهرية
אגרטל
تحكم عن بعد
שלט רחוק

بصاط

שטיח

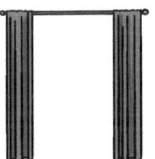

ستارة

וילון

طاولة

שולחן

كرسي

כסא

كرسي هزّاز

כיסא נדנדה

كرسي ذو ذراعين

כורסה

زخرفة

....

דקורציה

بطانية

....

שמיכה

الكتاب

....

ספר

تجهيزات ستيريو

....

מערכת סטריאו

فيلم

....

סרט

الحطب

....

עצי הסקה

لوحة مرسومة

....

ציור

جريدة

....

עיתון

مفتاح

....

מפתח

دفتر ملاحظات

....

מחברת

راديو

....

רדיו

مُلصق

....

פוסטר

شمعة

....

נר

صبّار

....

קקטוס

المكنسة الكهربائية

....

שואב אבק

مطبخ

מטבח

מקרר
ميكروويف
מיקרוגל
ميزان المطبخ
محمصة الخبز
טוסטר
منظفات
חומר ניקוי
فرن
תנור
ثلاجة
מקפיא
قماما
פח אשפה
جلاية
מדיח כלים

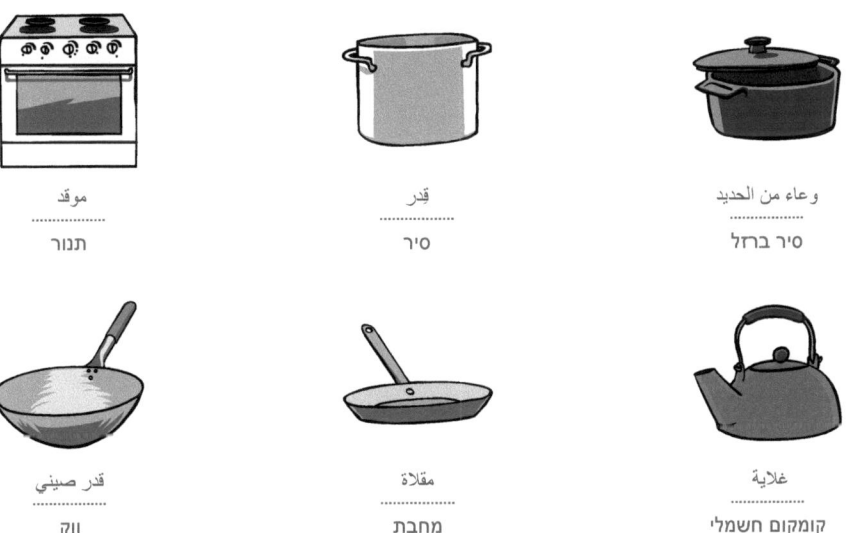

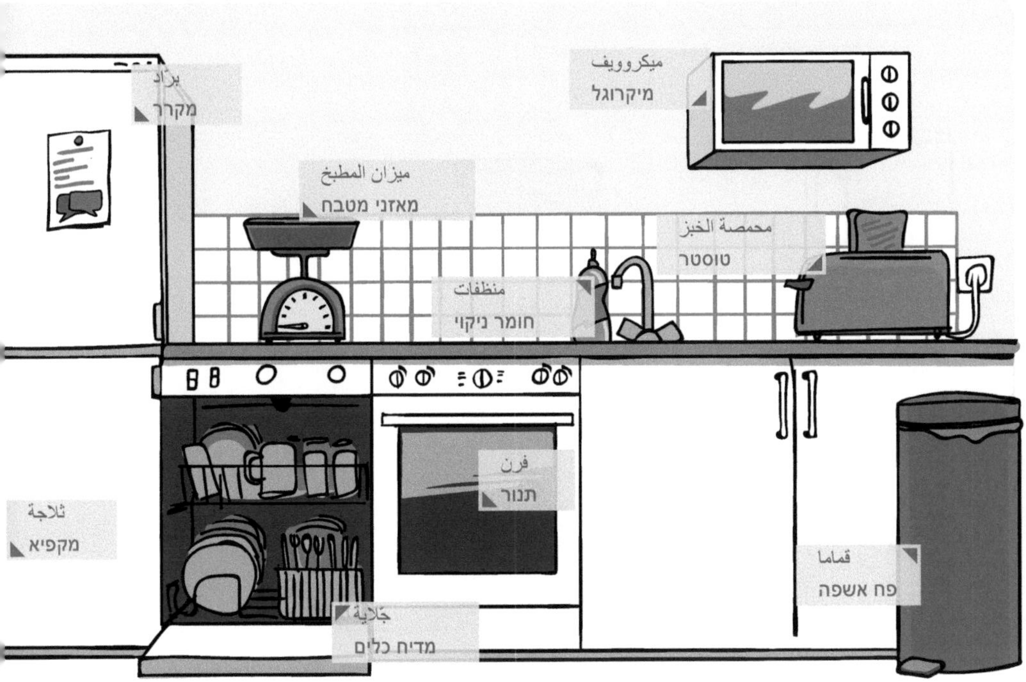

وعاء من الحديد

....

סיר ברזל

قِدر

....

סיר

موقد

....

תנור

غلاية

....

קומקום חשמלי

مقلاة

....

מחבת

قدر صيني

....

ווק

أواني

....

כלי אוכל

صينية

....

מגש אפייה

قدر البخار

....

מאדה

عيدان الأكل

....

צ'ופסטיקס

صحن

....

קערה

فنجان

....

ספל

خفّاقة

....

מטרפה

ملعقة منبسطة

....

מרית

مغرفة

....

מצקת

مِبشرة

....

מגרדת

مصفاة

....

מסננת

مصفاة

....

מסננת בישול

موقد

....

מדורה

شواء

....

גריל

هاون

....

מכתש

لوح التقطيع
קרש חיתוך

نشّابة
מערוך

مفتاح الزجاجات
פותחן פקקים

علبة
פחית

مفتاح العلب المعدنية
פותחן קופסאות

قماش الفرن
מטלית

مجلى
כיור

فرشاة
מברשת

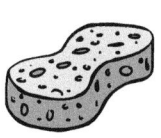

إسفنج
ספוג

خلاط
בלנדר

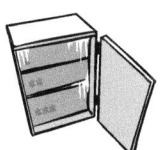

مجمّدة
מקפיא

زجاجة الطفل
בקבוק לתינוק

صنبور الماء
ברז

الحمّام

חדר אמבטיה

تدفئة
חימום
منشفة
מגבת
دوش
מקלחת
ستارة الدوش
וילון מקלחת
حمام رغوة
אמבטיית קצף
אמבטיה
كأس
כוס
غسّالة
מכונת כביסה
صنبور الماء
ברז
بلاط
אריחים
قفازات مطاطية
סיר לילה
مجلى
כיור

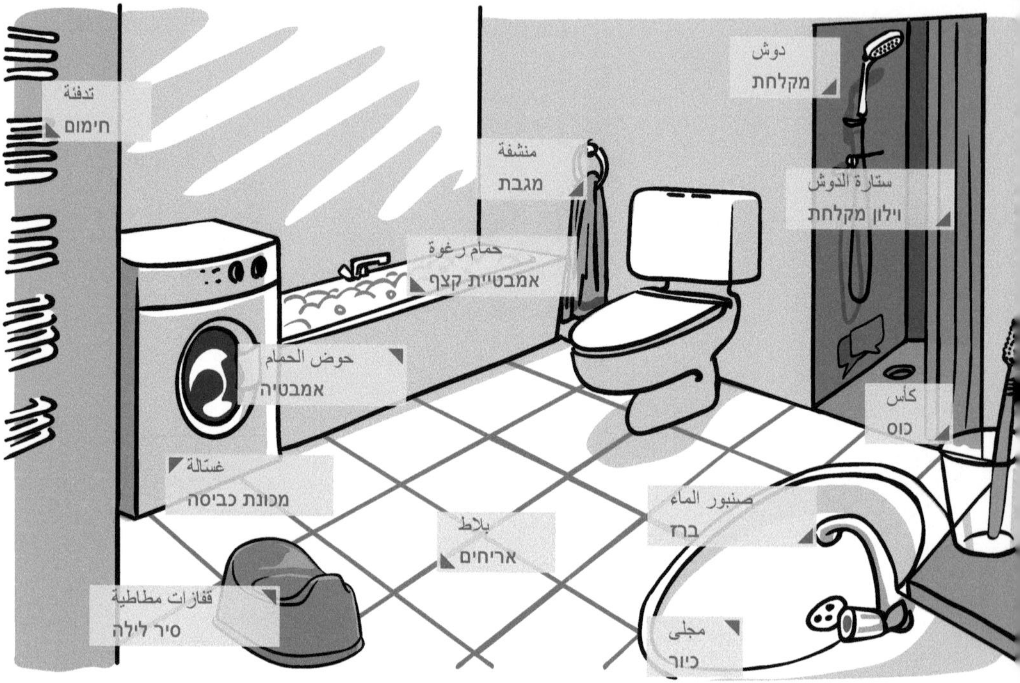

حمام

אסלה

مرحاض القرفصاء

אסלת כריעה

حوض التشطيف

בידה

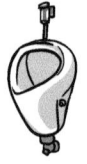

مبولة

משתנה

ورق المرحاض

נייר טואלט

فرشاة الحمام

מברשת אסלה

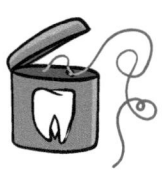

خيط حرير لتنظيف الأسنان

....

חוט דנטלי

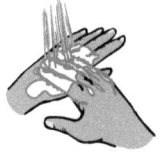

معجون الأسنان

....

משחת שיניים

فرشاة الأسنان

....

מברשת שיניים

شطاف

....

צינור שטיפה לשירותים

رشاش ماء يدوي

....

מקלחת יד

يغسل

....

שטף

صابون

....

סבון

فرشاة الظهر

....

מברשת גב

حوض الغسيل

....

קערת רחצה

ممسحة

....

ליפה

شامبو

....

שמפו

جيل الدوش

....

ג'ל רחצה

مزيل الروائح

....

דיאודורנט

مر هم

....

קרם

مصرف للماء

....

ניקוז

مرآة

מראה

مرآة يد

מראת יד

موس حلاقة

סכין גילוח

رغوة الحلاقة

קצף גילוח

كولونيا

אפטרשייב

مشط

מסרק

فرشاة

מברשת

سشوار

מייבש שיעור

مثبت للشعر

ספריי לשיער

ماكياج

איפור

روج

שפתון

طلاء أظافر

לק

قطن

צמר גפן

مقص أظافر

מספריים לציפורניים

عطر

בושם

ميزان

....

משקל

مقعد صغير

....

שרפרף

سلّة الغسيل

....

תיק כלי רחצה

سدادة قطنية

....

טמפון

قفازات مطاطية

....

כפפות גומי

معطف الحمام

....

חלוק רחצה

تواليت كيميائية

....

שירותים כימיקליים

منشفة صحية

....

תחבושת סניטרית

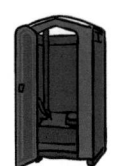

غرفة الأطفال

חדר ילדים

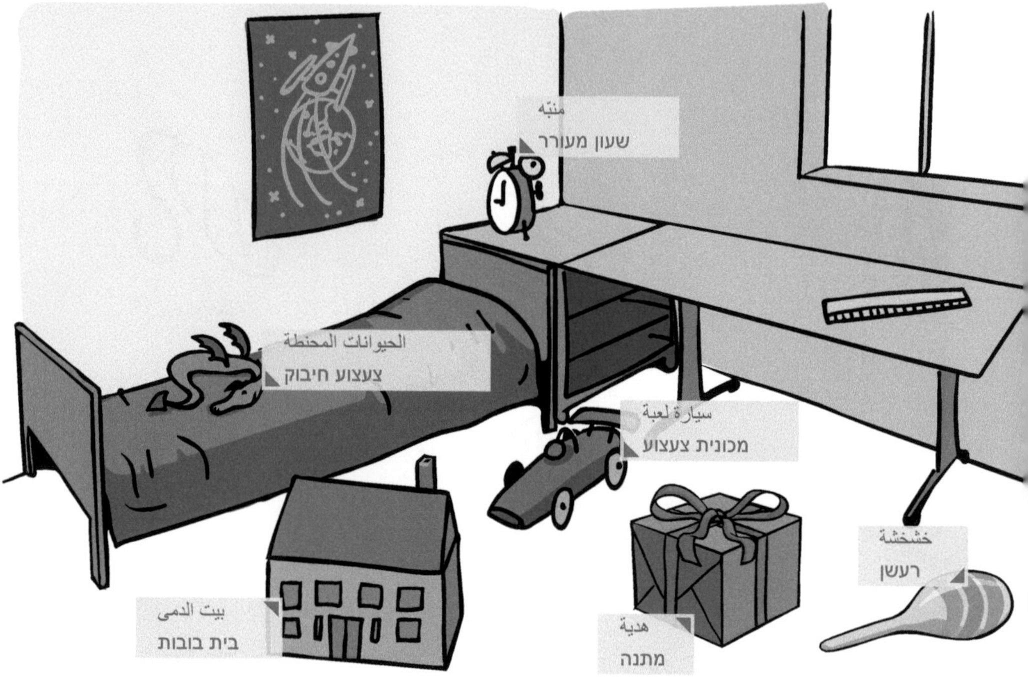

منبه
שעון מעורר
الحيوانات المحنطة
צעצוע חיבוק
سيارة لعبة
מכונית צעצוע
خشخشة
רעשן
بيت الدمى
בית בובות
هدية
מתנה

بالون

בלון

سرير

מיטה

عربة الأطفال

עגלה

لعبة الورق

משחק קלפים

أحجية

פאזל

رسوم هزلية

קומיקס

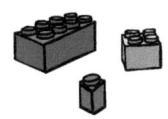

دمية بطل

דמות משחק

حجارة تركيب

קוביות משחק

أحجار الليغو

לגו

دمية معلّقة

נייד

فريسبي

פריזבי

لباس الطفل

סרבל תינוקות

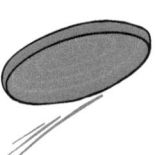

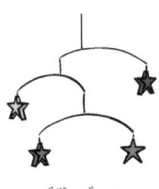

لعبة قطار

רכבת צעצוע

لعبة النرد

קוביה

لعبة الطاولة

משחק לוח

كتاب مصوّر

אלבום תמונות

حفلة

מסיבה

مصّاصة

מוצץ

يلعب

שיחק

دمية

בובה

كرة

כדור

لعبة

צעצועים

أرجوحة

נדנדה

ملعب رملي للأطفال

ארגז חול

دمية على شكل الدب

דובון

دراجة ثلاثية

אופניים תלת גלגלי

ألعاب فيديو

קונסולת משחקים

خزانة الثياب

ארון בגדים

ثياب

בגדים

جورب بنطلون

גרביון

جوارب طويلة

גרביונים

جوارب قصيرة

גרביים

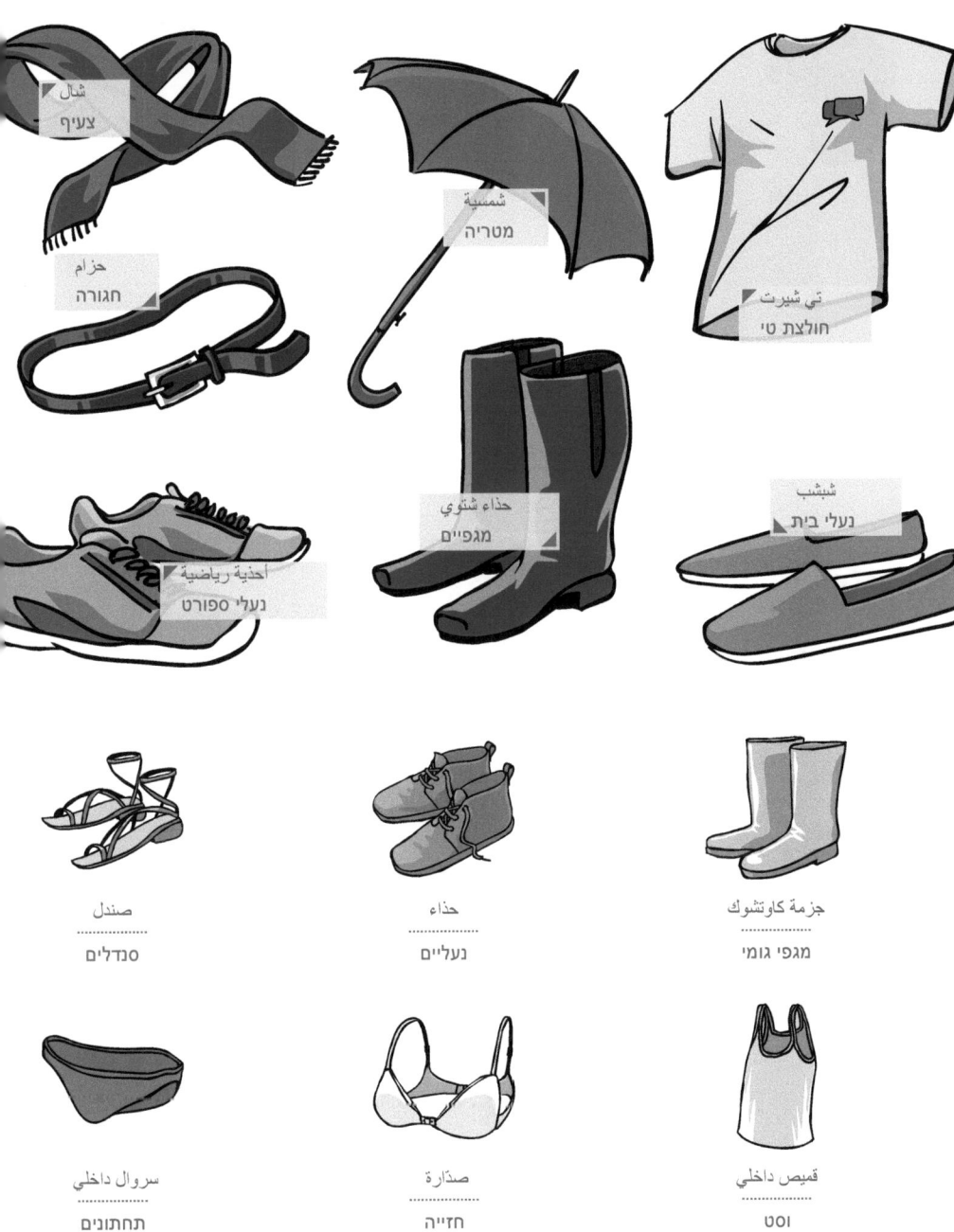

تي شيرت
חולצת טי

شمسية
מטריה

شال
צעיף

حزام
חגורה

شبشب
נעלי בית

حذاء شتوي
מגפיים

أحذية رياضية
נעלי ספורט

جزمة كاوتشوك

מגפי גומי

حذاء

נעליים

صندل

סנדלים

قميص داخلي

וסט

صدّارة

חזייה

سروال داخلي

תחתונים

جينز
....
ג'ינס

بنطلون
....
מכנסיים

لباس ملاصق للجسم
....
גוף

قميص
....
חולצה

بلوزة
....
חולצה מכופתרת

تنورة
....
חצאית

سترة فضفاضة
....
בלייזר

كنزة كم طويل
....
סווצ'ר עם קפוצ'ון

سترة قطنية
....
אפודה

معطف مطري
....
מעיל גשם

معطف
....
מעיל

سترة
....
ז'קט

ثوب الزفاف
....
שמלת כלה

ثوب
....
שמלה

زي - طقم نسائي
....
תלבושת

بيجاما

....

פיג'מה

قميص نوم

....

כותונת לילה

طقم

....

חליפה

عمامة

....

טורבן

حجاب

....

מטפחת ראש

ساري

....

סארי

عباءة

....

עבאיה

قفطان

....

קאפטן

برقع

....

בורקה

شرت

....

מכנסיים קצרים

سروال سباحة

....

בגד ים

مايوه

....

בגד ים

قفّازات

....

כפפות

مئزر

....

סינר

بدلة رياضية

....

בגד אימון

إسوارة

צמיד יד

نظّارة

משקפיים

زر

כפתור

قرط

עגיל

خاتم

טבעת

عقد

שרשרת

قبّعة

כובע

علاقة ثياب

קולב

طاقيّة

כובע

خوذة

קסדה

سحّاب

רוכסן

ربطة العنق

עניבה

زي موحّد

מדים

اللباس المدرسي

תלבושת בית ספר

حمّالة البنطلون

כתפיות

لفافة

חיתול

مصّاصة

מוצץ

مريلة الأطفال

מפית אוכל

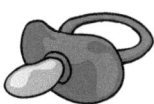

مكتب

משרד

المخدّم
שרת
خزانة الملفّات
תיקייה
طابعة
מדפסת
ورقة
נייר
شاشة
מסך
فارة
עכבר
طاولة المكتب
שולחן עבודה
ملف
תיק
لوحة المفاتيح
מקלדת
قماما
סל נייר
حاسوب
מחשב
كرسي
כסא

الإنترنت

אינטרנט

الآلة الحاسبة

מחשבון

كأس من القهوة

ספל קפה

خبر

....

הודעה

رسالة

....

מכתב

الحاسوب المحمول

....

מחשב נייד

جهاز تصوير

....

מכונת צילום

شبكة

....

רשת

الهاتف المحمول

....

נייד

مقبس كهربائي

....

שקע

هاتف

....

טלפון

البرمجيات

....

תוכנה

وثيقة

....

מסמך

استمارة

....

טופס

فاكس

....

פקס

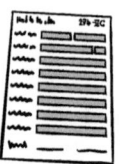

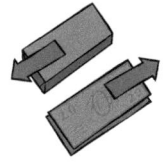

اقتصاد

כלכלה

يتاجر

סחר

يدفع

שילם

يشتري

קנה

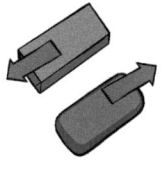

يورو

יורו

دولار

דולר

مال

כסף

فرنك سويسري

פרנק שווייצרי

روبل

רובל

ين

ין

صرّاف آلي

כספומט

روبية

רופי

يوان

יואן רנמינבי

مكتب صرافة

המרת מטבע

ذهب

זהב

فضة

כסף

نفط

נפט

طاقة

אנרגיה

سعر

מחיר

عقد

חוזה

ضريبة

מס

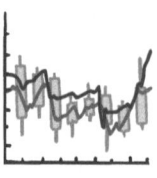

سهم

מנייה

يعمل

עבד

موظف

עובד

رب العمل

מעסיק

مصنع

מפעל

متجر

חנות

المِهَن

מקצועות

خيّاطة

תופרת

نجّار

נגר

بستاني

גנן

ممثّل

שחקן

كيميائي

כימאי

قاض

שופט

صياد سمك

دייג

سائق تاكسي

נהג מונית

سائق حافلة

נהג אוטובוס

نادل

מלצר

بنّاء سقف

מתקן גגות

أجيرة للتنظيف

עובדת נקיון

خباز

אופה

رسّام

צייר

صيّاد

צייד

مهندس

מהנדס

عامل بناء

עובד בניין

كهربائي

חשמלאי

ساعي البريد

דוור

سمكري

אינסטלטור

لحّام

קצב

جندي

חייל

مهندس معماري

אדריכל

أمين صندوق

קופאי

بائع الزهور

מוכר פרחים

حلاق

ספר

مراقب القطار

כרטיסן

ميكانيكي

מכונאי

قبطان

קברניט

طبيب أسنان

רופא שיניים

رجل العلم

מדען

حاخام

רב

إمام

אימאם

راهب

נזיר

كاهن

כומר

عدة عمل

כלי עבודה

كمّاشة
צבת
مطرقة
مفك البراغي
מברג
مصباح يد
פנס
مفتاح ربط
מפתח ברגים

سلّم
....
סולם

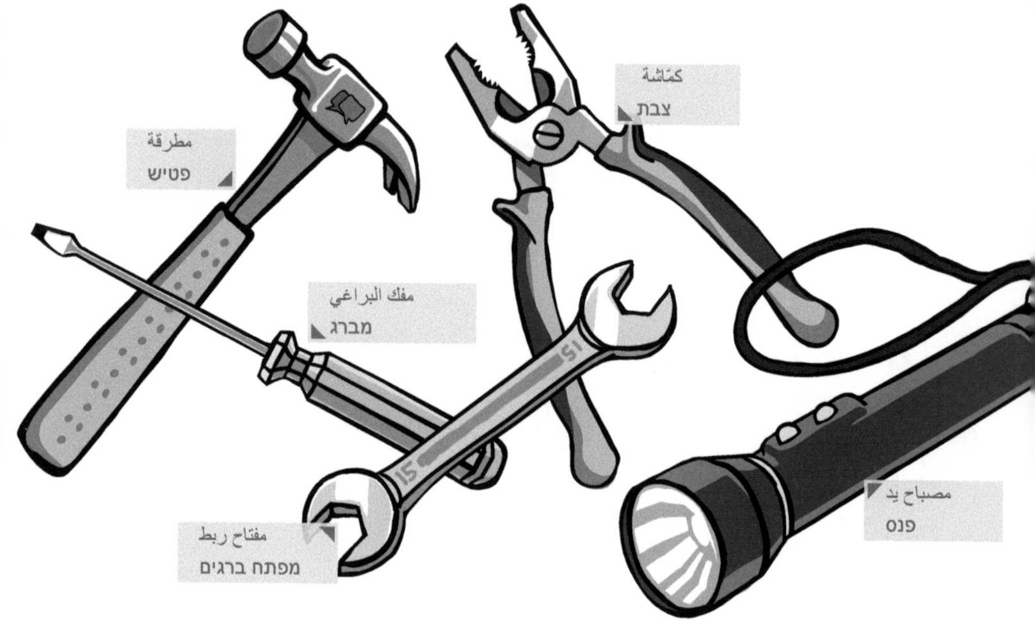

صندوق العدة
....
ארגז כלים

جرافة
....
דחפור

مثقب
....
מקדחה

مسامير
....
מסמרים

منشار
....
מסור

اللعنة

לעזאזל!

مجرفة

את חפירה

يصلح

תיקן

براغي

ברגים

سطل الألوان

פח צבע

لقاطة الكناسة

יעה

آلات موسيقية

כלי נגינה

مكبر الصوت
רמקול
آلات الإيقاع
מערכת תופים
גיטרה
كمان أجهر
קונטראבס
بوق
חצוצרה

جهير

....

בס

كمنجة

....

כינור

بيانو

....

פסנתר

بيانو كهربائي

....

מקלדת פסנתר

طبل

....

תופים

طبل كبير

....

תוף הדוד

ميكروفون

....

מיקרופון

ناي

....

חליל

ساكسوفون

....

סקסופון

حديقة حيوانات

גן חיות

כניסה
نمر
נמר
قفص
כלוב
حمار الوحش
זברה
علف للحيوانات
מזון לחיות
دب باندا
פנדה

كنغر

קנגרו

فيل

פיל

حيوانات

בעלי חיים

دب

דוב

غوريلا

גורילה

وحيد القرن

קרנף

أسد

....

אריה

نعامة

....

יען

جمل

....

גמל

ببغاء

....

תוכי

طائر فلامينغو

....

פלמינגו

قرد

....

קוף

سمك القرش

....

כריש

بطريق

....

פינגווין

دب قطبي

....

דוב הקרח

تمساح

....

תנין

أفعى

....

נחש

طاووس

....

טווס

نمر أمريكي مرقط

....

יגואר

عجل البحر

....

כלב ים

حارس في حديقة الحيوان

....

שומר גן החיות

فرس النهر

....

היפופוטאם

نمر

....

לאופרד

فرس قزم

....

סוס פוני

خنزير برّي

....

חזיר בר

نسر

....

נשר

زرافة

....

ג'ירפה

حيوان فظ البحري

....

סוס ים

سلحفاة

....

צב

سمك

....

דג

غزال

....

איילה

ثعلب

....

שועל

رياضة

ספורט

كرة القدم الأمريكية
פוטבול אמריקאי
ركوب الدراجات
רכיבת אופניים
كرة التنس
טניס
كرة السلة
כדורסל
السباحة
שחיה
الملاكمة
אגרוף
هوكي الجليد
הוקי

كرة القدم

כדורגל

الريشة الطائرة

בדמינטון

ألعاب القوى الخفيفة

אתלטיקה

كرة اليد

כדור-יד

التزلج على الثلج

עשה סקי

بولو

פולו

نشاطات

פעילויות

يضحك
צחק
يقفز
קפץ
يعانق
חיבק
يمشي
הלך
يغنّي
שר
يحلم
חלם
يصلّي
התפלל
يقبل

يُري

הראה

يرسم

צייר

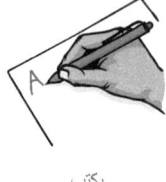

يكتب

כתב

يأخذ

לקח

يعطي

נתן

يدفع

דחף

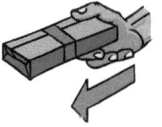

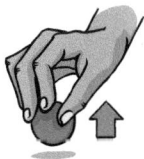

يوجد
....
היה

يعمل
....
עשה

يملك
....
יש / להיות הבעלים

يسحب
....
משך

يركض
....
רץ

يقف
....
עמד

يستلقي
....
שכב

يقع
....
נפל

يرمي
....
זרק

يجلس
....
ישב

يحمل
....
סחב

ينتظر
....
חיכה

يستيقظ
....
התעורר

ينام
....
ישן

يلبس
....
התלבש

يمسّد
....
ליטף

يبكي
....
בכה

ينظر إلى ..
....
הסתכל ב-

يفهم
....
הבין

يتكلم
....
דיבר

يمشّط
....
סירק

يشرب
....
שתה

يسمع
....
שמע

يسأل
....
שאל

يحب
....
אהב

يرتب
....
סידר

يأكل
....
אכל

يطير
....
עף

يقود
....
נהג

يطبخ
....
בישל

يقرأ

....

קרא

يحسب

....

חישב

يبحر بزورق شراعي

....

שט

يتزوج

....

התחתן

يعمل

....

עבד

يتعلم

....

למד

يقتل

....

הרג

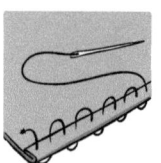

ينظف أسنانه

....

ציחצח שיניים

يخيط

....

תפר

يرسل

....

שלח

يدخن

....

עישן

عائلة

משפחה

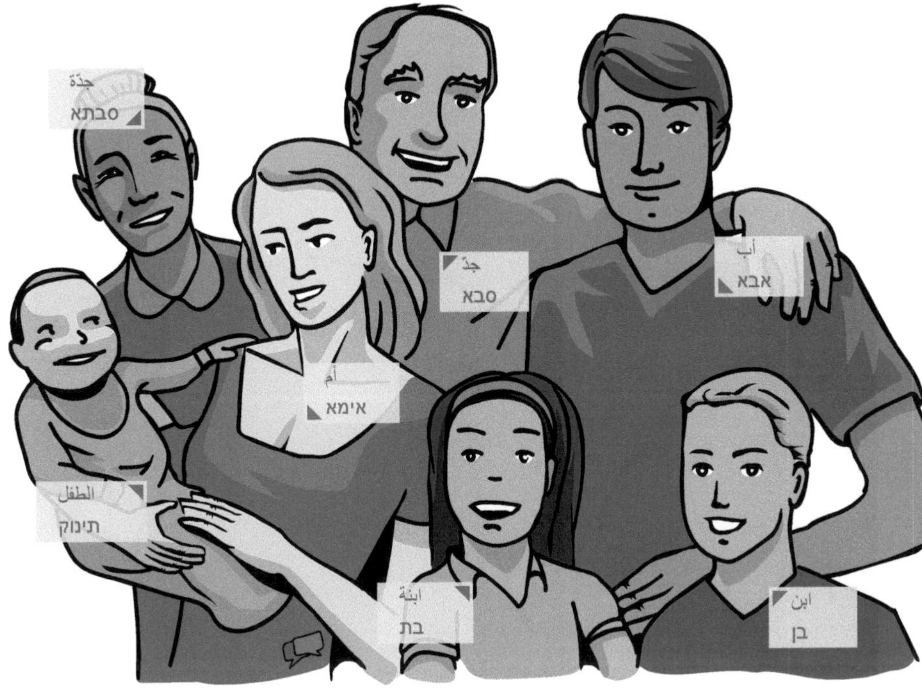

جدّة
סבתא
جدّ
סבא
أب
אבא
أم
אימא
الطفل
תינוק
ابنة
בת
ابن
בן

عمّ / خال

דוד

عمّة / خالة

דודה

ضيف

אורח

أخت

אחות

أخ

אח

الجسم

גוף

الجبين
מצח
العين
עין
الوجه
פנים
الذقن
סנטר
الإصبع
אצבע
اليد
כף יד
الصدر
חזה
الذراع
זרוע
الكتف
כתף
الساق
רגל

المرأة

אישה

الرجل

איש

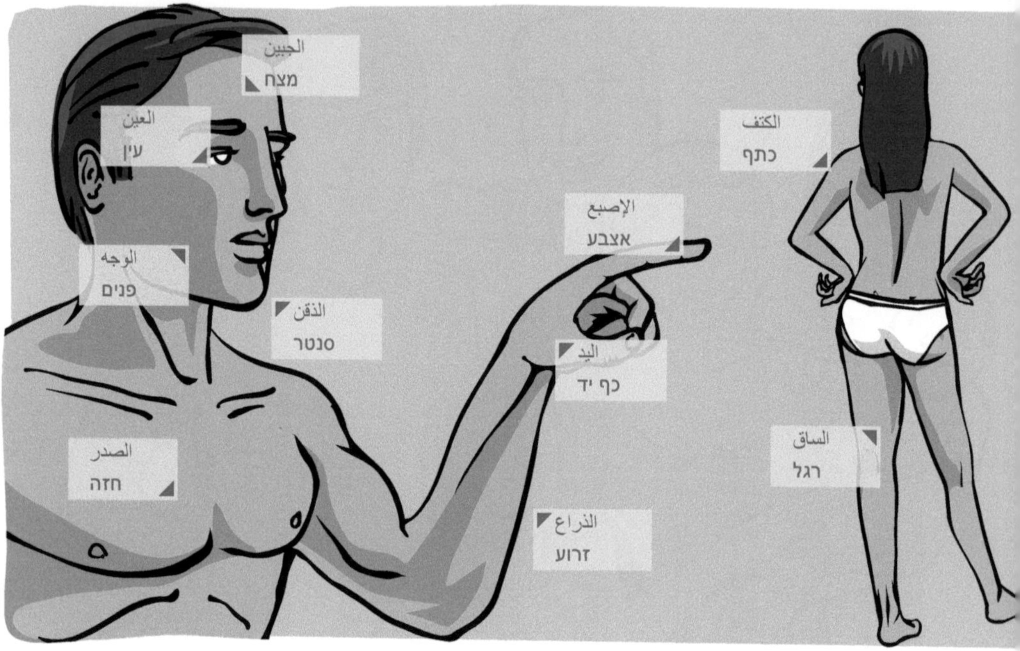

الطفل

תינוק

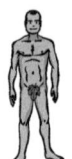

الرأس

ראש

الولد

ילד

البنت

ילדה

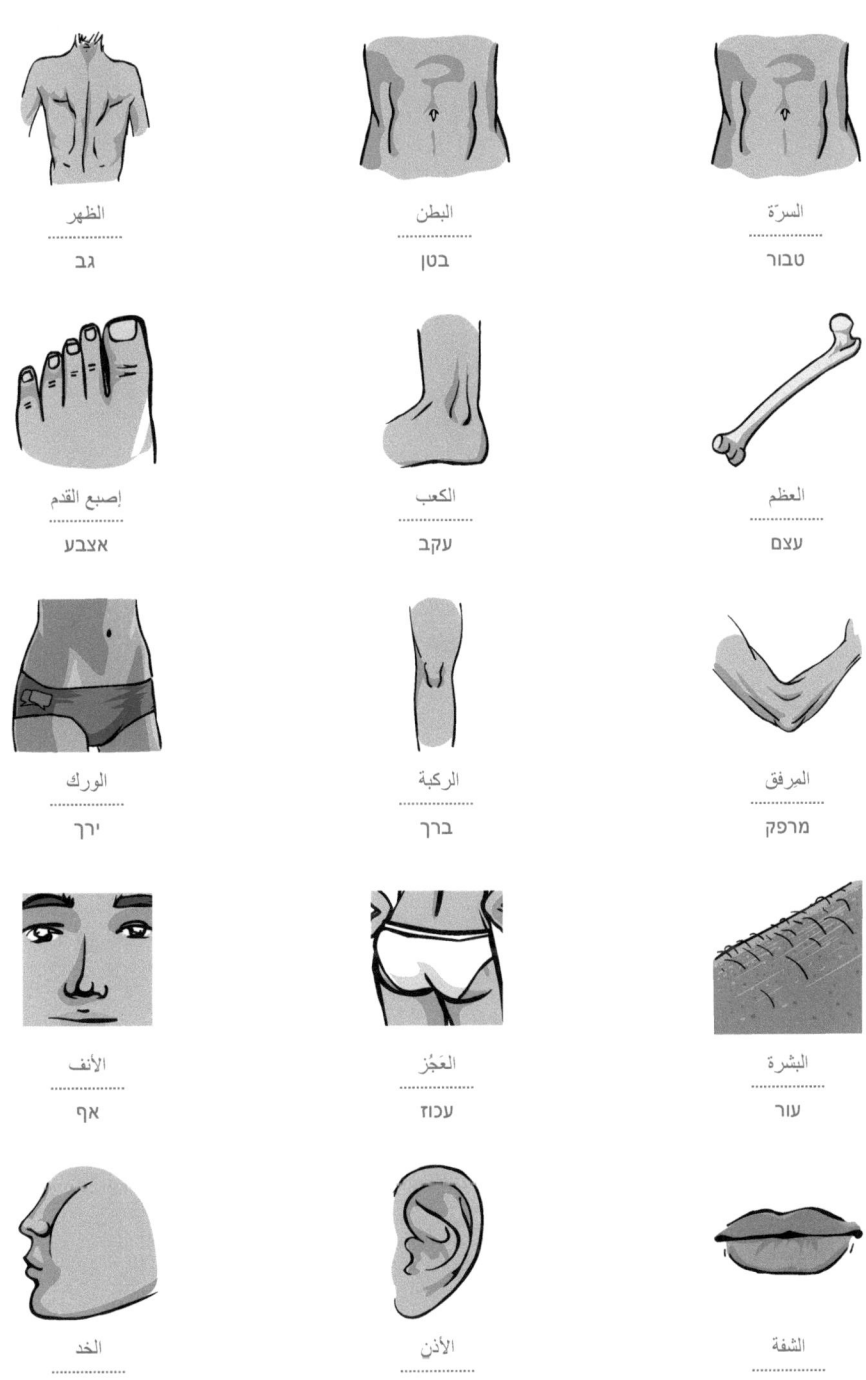

السرّة

....

טבור

البطن

....

בטן

الظهر

....

גב

العظم

....

עצם

الكعب

....

עקב

إصبع القدم

....

אצבע

المِرفق

....

מרפק

الركبة

....

ברך

الورك

....

ירך

البشرة

....

עור

العَجُز

....

עכוז

الأنف

....

אף

الشفة

....

שפתיים

الأذن

....

אוזן

الخد

....

לחי

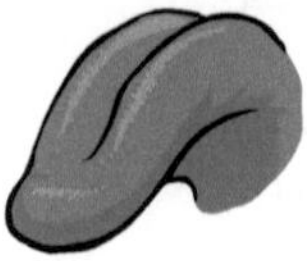

اللسان

....

לשון

السن

....

שן

الفم

....

פה

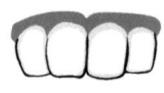

العضلة

....

שריר

القلب

....

לב

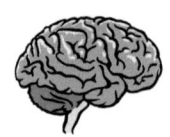

الدماغ

....

מוח

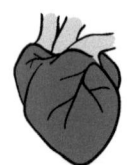

المعدة

....

קיבה

الكبد

....

כבד

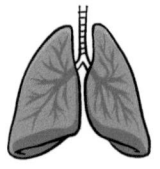

الرئة

....

ריאה

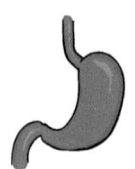

الواقي المطاطي

....

קונדום

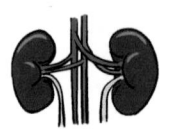

الاتصال الجنسي

....

מין

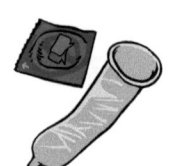

الكِلى

....

כליות

الحمل

....

הריון

المنيّ

....

זרע

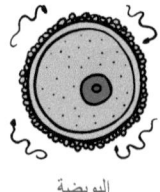

البويضة

....

ביצית

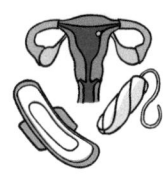

القضيب

....

פין

المهبل

....

נרתיק

الحيض

....

ווסת

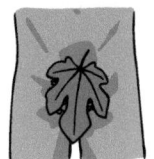

الرقبة

....

צוואר

الشعر

....

שיער

الحاجب

....

גבה

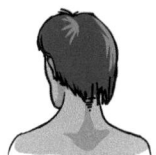

المستشفى

בית חולים

سيارة الإسعاف
אמבולנס
الكرسي المتحرك
כיסא גלגלים
كسر
שבר

الطبيب

רופא

غرفة الإسعاف

חדר מיון

الممرضة

אחות

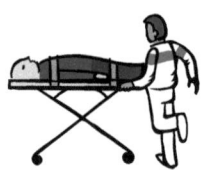

حالة

חירום

مغمى عليه

חסר הכרה

الألم

כאב

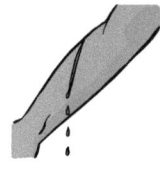

احتشاء القلب

....

התקף לב

النزيف

....

דימום

إصابة

....

פציעה

السعال

....

שיעול

حسسية

....

אלרגיה

جلطة

....

שבץ

الإسهال

....

שלשול

إنفلونزا

....

שפעת

الحُمّى

....

חום

مرض السكر

....

סוכרת

السرطان

....

סרטן

وجع الرأس

....

כאב ראש

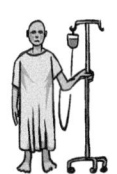

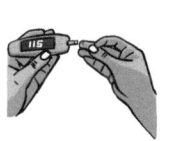

عملية

....

ניתוח

مبضع

....

אזמל

جرّاح

....

מנתח

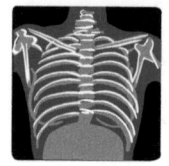

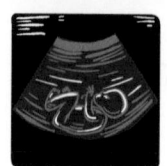

فوق الصوتي

אולטרסאונד

الأشعة السينية

רנטגן

سيتي سكان

סי-טי

غرفة الانتظار

חדר המתנה

المرض

מחלה

القناع

מסיכת פנים

ضماد

תחבושת

شريط لاصق

פלסטר

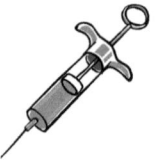

العُكّاز

קבה

نقالة

אלונקה

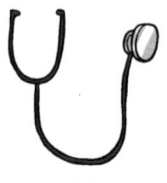

سمّاعة الطبيب

סטטוסקופ

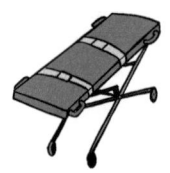

حقنة

זריקה

وزن زائد

עודף משקל

ولادة

לידה

ميزان حرارة

מד חום

عدوى

....

זיהום

المواد المعقمة

....

מחטא

جهاز السمع

....

מכשיר שמיעה

الطب

....

תרופה

الإيدز

....

איידס

فيروس

....

נגיף

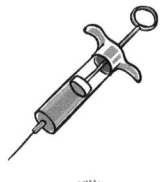

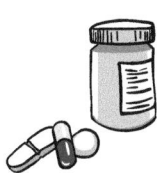

حبّة الدواء

....

גלולה

أقراص الدواء

....

טבליות

اللقاح

....

חיסון

مريض / صحيح

....

חולה / בריא

مقياس ضغط الدم

....

מד לחץ דם

نداء النجدة

....

קריאת חירום

حالة

חירום

اعتداء

פשיטה

إنذار

אזעקה

النجدة!

הצילו!

مخرج طوارئ

יציאת חירום

خطر

סכנה

هجوم

תקיפה

حادث

תאונה

جهاز الإطفاء

מטף כיבוי

حريق!

אש!

الشرطة

משטרה

أنقذونا

הצילו!

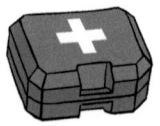

حقيبة الإسعاف الأولي

ערכת עזרה ראשונה

כדור הארץ

أمريكا الجنوبية
....
דרום אמריקה

أمريكا الشمالية
....
צפון אמריקה

أوروبا
....
אירופה

أستراليا
....
אוסטרליה

آسيا
....
אסיה

أفريقيا
....
אפריקה

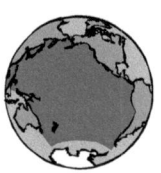

المحيط الهندي
....
האוקיינוס ההודי

المحيط الهادي
....
האוקיינוס השקט

المحيط الأطلسي
....
האוקיינוס האטלנטי

القطب الشمالي
....
הקוטב הצפוני

المحيط المتجمد الشمالي
....
האוקיינוס הארקטי

المحيط المتجمد الجنوبي
....
האוקיינוס האנטרקטי

أرض

כדור הארץ

منطقة القطب الجنوبي

אנטארקטיקה

القطب الجنوبي

הקוטב הדרומי

جزيرة

אי

بحر

ים

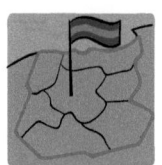

بر

אדמה

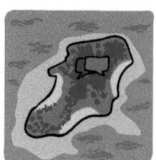

دولة

מדינה

أمة

לאום

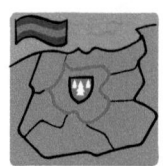

ساعة
שעון

عقرب الدقائق

מחוג הדקות

عقرب الساعات

מחוג השעות

ميناء الساعة

פני השעון

يوم

יום

كم الساعة الآن؟

מה השעה?

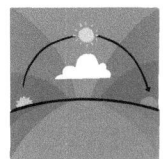

عقرب الثواني

מחוג השניות

ساعة رقمية

שעון דיגיטלי

الآن

עכשיו

زمن

זמן

ساعة

שעה

دقيقة

דקה

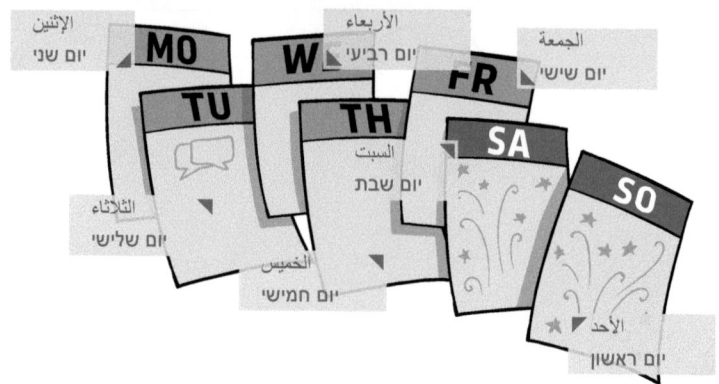

أسبوع
שבוע

MO
TU
W
TH
FR
SA

3

غداً

מחר

2

اليوم

היום

2
1

الأمس

אתמול

المساء

ערב

الظهر

צהריים

الصباح

בוקר

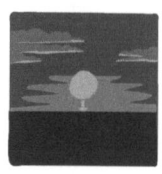

MO TU WE TH FR SA SU
1 2 3 4 5 6 7
8 9 10 11 12 13 14
15 16 17 18 19 20 21
22 23 24 25 26 27 28
29 30 31 1 2 3 4

نهاية الأسبوع

סוף שבוע

MO TU WE TH FR SA SU
1 2 3 4 5 6 7
8 9 10 11 12 13 14
15 16 17 18 19 20 21
22 23 24 25 26 27 28
29 30 31 1 2 3 4

أيام العمل

ימי עבודה

80 שבוע - أسبوع

سنة

שנה

مطر
גשם
قوس قزح
קשת בענן
ريح
רוח
ثلج
שלג
الربيع
אביב
الصيف
קיץ
الخريف
סתיו
الشتاء
חורף

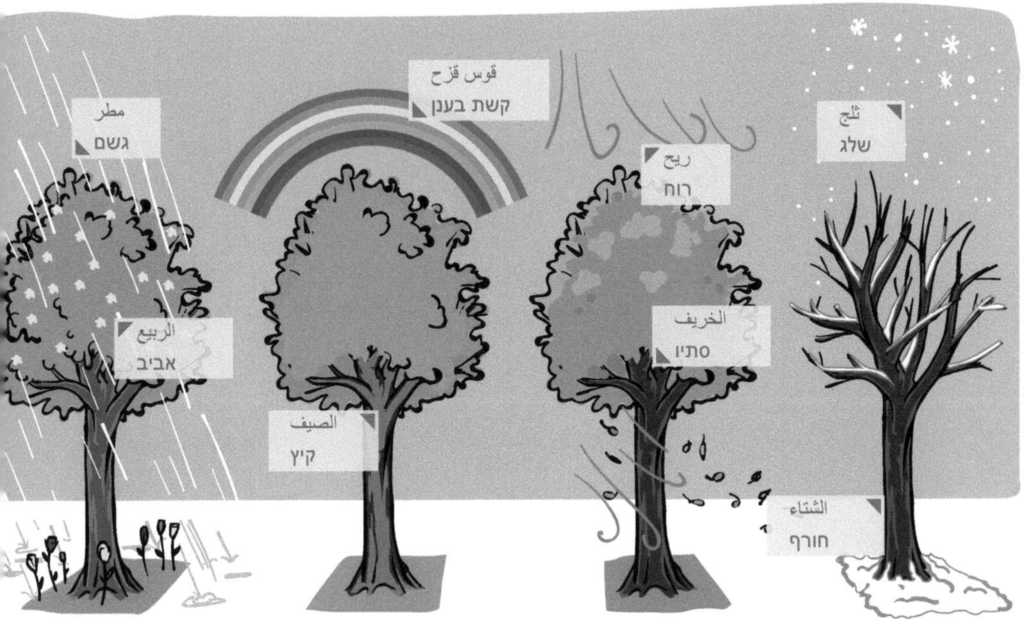

التنبؤ بالحالة الجوية

....

תחזית מזג האוויר

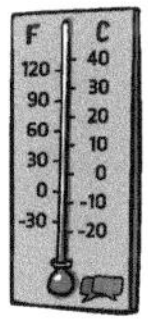

مقياس حرارة

....

מד חום

ضوء الشمس

....

אור שמש

سحابة

....

ענן

ضباب

....

ערפל

رطوبة الجو

....

לחות

برق
....
ברק

رعد
....
רעם

عاصفة
....
סערה

بَرَد
....
ברד

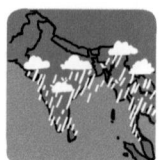

ريح موسمية
....
רוח עונתי

طوفان
....
שיטפון

جليد
....
קרח

كانون الثاني / يناير
....
ינואר

شباط / فبراير
....
פברואר

آذار / مارس
....
מרץ

نيسان / أبريل
....
אפריל

أيار / مايو
....
מאי

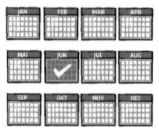

حزيران / يونيو
....
יוני

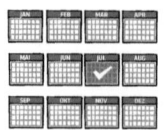

تموز / يوليو
....
יולי

آب / أغسطس
....
אוגוסט

שנה - سنة

أيلول / سبتمبر
....
ספטמבר

تشرين الأول / أكتوبر
....
אוקטובר

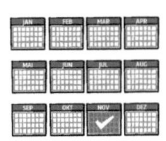

تشرين الثاني / نوفمبر
....
נובמבר

كانون الأول / ديسمبر
....
דצמבר

أشكال

צורות

دائرة
....
עיגול

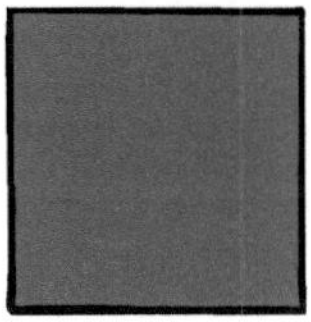

مربّع
....
מרובע

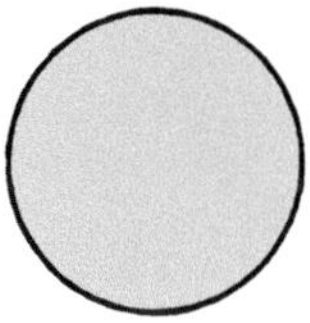

مستطيل
....
מלבן

مثلّث
....
משולש

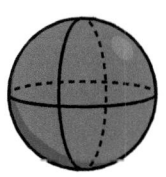

كرة
....
כדור

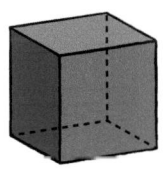

مكعب
....
קובייה

ألوان

צבעים

برتقالي

כתום

أصفر

צהוב

أبيض

לבן

بنفسجي

סגול

أحمر

אדום

وردي

ורוד

بنّي

חום

أخضر

ירוק

أزرق

כחול

أسود

שחור

رمادي

אפור

الأضداد

הפכים

جميل / قبيح

....

יפה / מכוער

غضبان / هادئ

....

כועס / רגוע

كثير / قليل

....

הרבה / מעט

فاتح / قاتم

....

בהיר / כהה

كبير / صغير

....

גדול / קטן

بداية / نهاية

....

התחלה / סוף

كامل / ناقص

....

שלם / חלקי

نظيف / وسخ

....

נקי / מלוכלך

أخ / أخت

....

אח / אחות

عريض / ضيّق

....

רחב / צר

ميت / حيّ

....

מת / חי

نهار / ليل

....

יום /לילה

مثير / ممل

מתרגש / משועמם

شرّير / لطيف

רשע / טוב לב

صالح للأكل / غير صالح

אכיל / לא אכיל

صديق / عدو

חבר / אויב

أولاً / أخيراً

ראשון / אחרון

سمين / نحيف

שמן / רזה

ثقيل / خفيف

כבד / קל

صلب / ليّن

קשה / רך

مليء / فارغ

מלא / ריק

غير شرعي / شرعي

בלתי-חוקי / חוקי

مريض / صحيح

חולה / בריא

جوع / عطش

רעב / צמא

قريب / بعيد

קרוב / רחוק

يسار / يمين

שמאל / ימין

ذكي / غبي

נבון / טיפש

مسن / شاب

זקן / צעיר

لا شيء / بعض الشيء

כלום / משהו

جديد / مستعمل

חדש / משומש

خافت / عالٍ

שקט / רועש

مفتوح / مغلق

פתוח / סגור

يشعل / يطفئ

פעיל / כבוי

أحرش / املس

מחוספס / חלק

صح / خطأ

נכון / שגוי

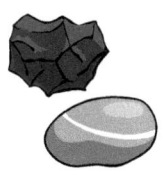

غني / فقير

עשיר / עני

بطيء / سريع

איטי / מהיר

قصير / طويل

קצר / ארוך

حزين / سعيد

עצוב / שמח

حرب / سلم

מלחמה / שלום

ساخن / بارد

חם / קר

مبلول / جاف

רטוב / יבש

أرقام
מספרים

0	1	2
صفر	واحد	اثنان
אפס	אחת	שתיים
3	4	5
ثلاثة	أربعة	خمسة
שלוש	ארבע	חמש
6	7	8
ستة	سبعة	ثمانية
שש	שבע	שמונה
9	10	11
تسعة	عشرة	أحد عشر
תשע	עשר	אחת-עשרה

12

اثنا عشر

שתים-עשרה

13

ثلاثة عشر

שלוש-עשרה

14

أربعة عشر

ארבע-עשרה

15

خمسة عشر

חמש-עשרה

16

ستة عشر

שש-עשרה

17

سبعة عشر

שבע-עשרה

18

ثمانية عشر

שמונה-עשרה

19

تسعة عشر

תשע-עשרה

20

عشرون

עשרים

100

مائة

מאה

1.000

ألف

אלף

1.000.000

مليون

מיליון

اللغات

שפות

لغة ماندارين الصينية

....

סינית מנדרינית

الإنكليزية الأمريكية

....

אנגלית אמריקאית

الإنكليزية

....

אנגלית

الفرنسية

....

צרפתית

الإسبانية

....

ספרדית

الهندية

....

הודית

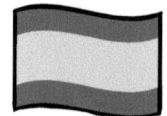

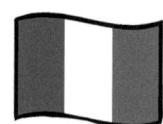

البرتغالية

....

פורטוגזית

الروسية

....

רוסית

العربية

....

ערבית

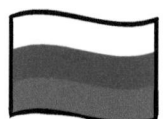

اليابانية

....

יפנית

الألمانية

....

גרמנית

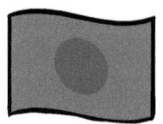

البنغالية

....

בנגלית

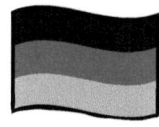

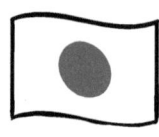

من / ماذا / كيف

מי / מה / איך

هو / هي

הוא / היא / זה

أنت

אתה / את

أنا

אני

هم

הם

أنتم

אתם

نحن

אנחנו

كيف؟

איך?

ماذا؟

מה?

من؟

מי?

اسم

שם

متى؟

מתי?

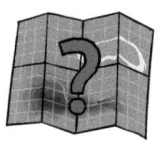

أين؟

איפה?

أين

איפה

أمام

....

לפני

في

....

בתוך

خلف

....

מאחור

تحت

....

מתחת

على

....

על

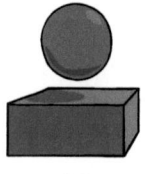

فوق

....

מעל

مكان

....

מקום

بين

....

בין

جنب

....

ליד